Liberados - Tu Camino hacia la Libertad Emocional

Josiah Wolff

Published by Josiah Wolff, 2024.

LIBERADOS - TU CAMINO HACIA LA LIBERTAD EMOCIONAL

First edition. October 22, 2024.

Written by Josiah Wolff.

Also by Josiah Wolff

AI FOR EVERYONE: A Step-by Step GUIDE
AI for Everyone: A Step-by-Step Guide

Standalone
AI for Everyone: A Step-by-Step Guide for Seniors
The Ultimate ESL Conversational English Guide
Liberados - Tu Camino hacia la Libertad Emocional

Tabla de Contenido

A mi querida esposa, cuyo amor, paciencia y apoyo incondicional han sido mi fuente de inspiración en cada paso de este viaje. Gracias por creer en mí, incluso en los momentos más difíciles, y por recordarme siempre que el verdadero éxito se encuentra en el amor que compartimos. Este libro es tan tuyo como mío.

Introducción

El Peso Que Cargamos

Al abrir estas páginas, quiero que sepas que te veo. Veo el peso que has estado cargando, tal vez durante años, quizás incluso décadas. Veo el cansancio en tus ojos, la inclinación de tus hombros, la pesadez en tu corazón. Te veo porque yo también he estado allí, y he caminado junto a innumerables personas en su viaje hacia la libertad emocional.

Has tomado este libro porque algo dentro de ti sabe que es hora de un cambio. Tal vez estés cansado de sentirte atrapado por tu pasado, limitado por los remordimientos o paralizado por los temores del futuro. Tal vez has intentado dejar ir antes, solo para encontrarte aferrándote aún más al dolor antiguo, los resentimientos familiares o los patrones cómodos pero destructivos. Si es así, quiero que sepas que no estás solo, y lo que es más importante, hay esperanza.

El viaje que estamos a punto de emprender juntos es uno de liberación: un camino hacia el desprendimiento de las cargas emocionales que te han estado pesando y te han impedido vivir tu vida de manera plena y alegre. Es un viaje de autodescubrimiento, sanación y transformación. Y aunque puede que no siempre sea fácil, te prometo que valdrá la pena.

Como coach de vida con más de dos décadas de experiencia, he tenido el privilegio de guiar a miles de personas a través de este proceso de liberación. He sido testigo de transformaciones notables: personas que llegaron a mi oficina encorvadas bajo el peso de su equipaje emocional y se marcharon erguidas, con los ojos brillantes por la libertad y la posibilidad recién descubiertas. Las estrategias y percepciones que compartiré contigo en este libro nacen de esta experiencia, basadas en investigaciones psicológicas de vanguardia y perfeccionadas a través de años de aplicación práctica.

Pero este libro es más que una colección de técnicas o estrategias. Es una invitación: una invitación a reconectarte con tu verdadero yo, a redescubrir tu capacidad innata de alegría y paz, y a entrar en una vida de libertad emocional. Es una invitación a dejar atrás lo que ya no te sirve y a abrazar la plenitud de lo que eres y lo que puedes llegar a ser.

A medida que avancemos juntos en estas páginas, quiero que recuerdes que la sanación no es un destino, sino un proceso. Habrá momentos de avance y momentos de desafío. Habrá ocasiones en que sientas que estás progresando enormemente y momentos en que sientas que estás tropezando. Todo esto es normal, todo esto es parte del viaje, y todo esto te acerca más a la libertad emocional que buscas.

Así que, respira profundamente. Siente el peso de las cargas que has estado llevando. Reconócelas con compasión. Y luego, suavemente, comienza a imaginar cómo sería dejarlas caer. Esa sensación, esa ligereza, esa sensación de posibilidad, es lo que te espera en este viaje de liberación.

¿Estás listo? Comencemos.

Capítulo 1

La Anatomía de los Pensamientos Negativos

Al comenzar este viaje de liberación, es crucial que empecemos entendiendo la naturaleza de lo que estamos enfrentando. Así como un médico necesita entender la anatomía del cuerpo para curarlo, necesitamos comprender la anatomía de nuestros pensamientos negativos para iniciar el proceso de liberación.

Los pensamientos negativos no son tu culpa. No son un signo de debilidad o un defecto de carácter. Son una parte natural de la experiencia humana, moldeada por nuestra historia evolutiva, nuestras experiencias personales y la sociedad en la que vivimos. Comprender esto puede ser el primer paso para cultivar la autocompasión, un ingrediente vital en el proceso de liberación.

Los Patrones Que Nos Atrapan

Piensa en los patrones de pensamiento negativo como caminos bien marcados en un bosque. Cuanto más recorremos esos caminos, más definidos y fáciles de seguir se vuelven. Algunos caminos comunes incluyen:

Pensamiento de todo o nada: Ver las cosas en categorías de blanco o negro. Si tu desempeño no es perfecto, te ves a ti mismo como un fracaso total.

Sobre-generalización: Ver un solo evento negativo como un patrón interminable de derrota.

Filtro mental: Fijarse en un solo detalle negativo y obsesionarse únicamente con él.

Descalificar lo positivo: Rechazar las experiencias positivas insistiendo en que "no cuentan".

Sacar conclusiones apresuradas: Hacer interpretaciones negativas sin evidencia real. Esto incluye la lectura de la mente (concluir arbitrariamente que alguien está reaccionando negativamente hacia ti) y la predicción del futuro (anticipar que las cosas saldrán mal).

Magnificación o minimización: Exagerar la importancia de los problemas y defectos, o minimizar la importancia de las cualidades deseables.

Razonamiento emocional: Asumir que las emociones negativas reflejan necesariamente la realidad: "Lo siento, por lo tanto, debe ser verdad".

Declaraciones de deber: Decirse a sí mismo que las cosas deberían ser como esperabas que fueran.

Etiquetado: En lugar de describir un error, te adjudicas una etiqueta negativa: "Soy un perdedor".

Personalización y culpa: Responsabilizarse personalmente por un evento que no está completamente bajo tu control.

Al leer estos ejemplos, podrías reconocer algunos de tus propios patrones de pensamiento. Tal vez sentiste una punzada de reconocimiento o incluso un sentido de alivio al ver tus experiencias nombradas y normalizadas. Este reconocimiento es el primer paso hacia el cambio.

El Ciclo de Rumiación

Uno de los aspectos más desafiantes de los pensamientos negativos es su tendencia a alimentarse a sí mismos, creando un ciclo de rumiación. La rumiación es como una rueda de hámster para tu mente: corres y corres, gastando una enorme cantidad de energía, pero al final no vas a ninguna parte.

Así es como típicamente funciona el ciclo:

Ocurre un evento desencadenante (esto puede ser externo o interno).

Esto activa un pensamiento negativo.

El pensamiento produce emociones incómodas.

En un intento de "resolver" estas sensaciones incómodas, te concentras más en el pensamiento negativo.

Este enfoque incrementado amplifica las emociones negativas.

Las emociones amplificadas refuerzan el pensamiento negativo original.

Y el ciclo continúa...

Romper este ciclo es crucial para la liberación emocional, y exploraremos estrategias para hacerlo a lo largo de este libro.

La Neurociencia de la Negatividad

Quizás te preguntes por qué nuestros cerebros parecen tan propensos al pensamiento negativo. La respuesta radica en nuestra historia evolutiva. La supervivencia de nuestros antepasados dependía de su capacidad para identificar y responder rápidamente a las amenazas. Aquellos que estaban más atentos a la información negativa tenían más probabilidades de sobrevivir y transmitir sus genes.

Este "sesgo de negatividad" se refleja en la estructura y función de nuestros cerebros. La amígdala, una parte clave en el procesamiento de las emociones, reacciona con más fuerza a los estímulos negativos que a los positivos. Además, las experiencias negativas generalmente se codifican más rápido y más profundamente en nuestra memoria que las positivas.

Comprender esto puede ayudarnos a cultivar la autocompasión. Tu cerebro no está tratando de hacerte miserable, está tratando de mantenerte a salvo, utilizando un software anticuado que fue optimizado para un entorno muy diferente al que vivimos hoy en día.

Autorreflexión: Mapeando Tus Patrones de Pensamiento

Ahora que hemos explorado la anatomía de los pensamientos negativos, es momento de dirigir nuestra atención hacia adentro. Te invito a tomar un momento para reflexionar sobre tus propios patrones de pensamiento. ¿Qué caminos se han vuelto bien definidos en el bosque de tu mente?

Considera una situación reciente que haya desencadenado emociones negativas. ¿Qué pensamientos surgieron? ¿Cómo te hicieron sentir esos pensamientos? ¿Notaste alguno de los patrones que discutimos anteriormente?

Al hacerlo, recuerda abordar estos pensamientos con amabilidad y curiosidad. No estás juzgando estos pensamientos ni tratando de cambiarlos en este momento. Simplemente estás observando, como un científico que estudia un fenómeno interesante.

Esta autorreflexión es un paso crucial en el proceso de liberación. Al arrojar luz sobre nuestros patrones de pensamiento, comenzamos a crear espacio entre nosotros y nuestros pensamientos. Comenzamos a ver que no somos nuestros pensamientos, somos la conciencia que los observa.

En los próximos capítulos, profundizaremos en esta base de autoconciencia, explorando estrategias prácticas para reencuadrar los pensamientos negativos, cultivar la atención plena y, en última instancia, dejar atrás las cargas emocionales que ya no nos sirven.

Recuerda, querido lector, que este proceso es un viaje. Puede haber momentos de incomodidad mientras enfrentamos patrones de pensamiento arraigados desde hace mucho, pero también existe un inmenso potencial para el crecimiento, la sanación y la libertad. Confía en el proceso, sé paciente contigo mismo y ten en cuenta que con cada paso te acercas más a la liberación emocional que buscas.

Al cerrar este capítulo, te invito a tomar una respiración profunda. Siente el aire llenando tus pulmones, y al exhalar, imagina liberar solo un poco del peso que has estado cargando. Este es el comienzo de tu viaje de liberación. Has dado el primer paso, y me siento honrado de caminar este camino contigo.

En nuestro próximo capítulo, profundizaremos en las raíces de nuestros apegos emocionales, explorando cómo nuestras experiencias pasadas moldean nuestras reacciones actuales. Pero por ahora, sé amable contigo mismo. Reconoce el coraje que se necesita para embarcarse en este viaje de autodescubrimiento y cambio. Estás haciendo un trabajo importante, y no estás solo.

Hasta la próxima vez, que seas amable contigo mismo, curioso sobre tu mundo interior y abierto a la posibilidad de cambio.

Para una comprensión más profunda de cómo las emociones afectan nuestras vidas, el libro 'Inteligencia Emocional' de Daniel Goleman ofrece valiosas ideas.

Capítulo 2

Las Raíces del Apego Emocional

A medida que profundizamos en nuestro viaje de liberación, es crucial comprender no solo la naturaleza de nuestros pensamientos, sino también por qué nos apegamos tanto a ciertas emociones y patrones. En este capítulo, exploraremos las raíces de nuestros apegos emocionales, examinando cómo nuestras experiencias pasadas, influencias culturales e incluso traumas moldean nuestro panorama emocional actual.

El Eco de la Infancia

Nuestros patrones emocionales a menudo tienen su origen en nuestras primeras experiencias. Como niños, somos como esponjas, absorbiendo no solo conocimientos sobre el mundo, sino también aprendiendo cómo sentirnos con nosotros mismos y con los demás. Estas primeras lecciones pueden resonar a lo largo de nuestras vidas, influyendo en nuestras relaciones, nuestra autopercepción y nuestras respuestas emocionales de maneras que quizás ni siquiera nos damos cuenta.

Permíteme compartir una breve historia de un miembro de mi familia para ilustrar este punto, él relata:

Cuando era niño, mi padre era un perfeccionista. Tenía altas expectativas para sí mismo y para sus hijos. Aunque sus intenciones eran buenas —quería que tuviéramos éxito en la vida—, el impacto fue que internalicé la creencia de que solo era digno de amor y aprobación cuando lograba algo. Esto condujo a un patrón de autocrítica implacable y miedo al fracaso que me siguió hasta la adultez. No fue hasta que comencé mi propio viaje de autodescubrimiento y sanación que me di cuenta de lo profundamente que esta experiencia infantil había moldeado mis respuestas emocionales.

Esta historia ilustra cómo las experiencias de la infancia pueden crear patrones emocionales que persisten hasta la adultez. Tal vez te identifiques con esto en tu propia vida. Tal vez tuviste un padre crítico, o quizás experimentaste negligencia o cuidado inconsistente. Estas experiencias moldean nuestras creencias sobre nosotros mismos y el mundo, creando lo que los psicólogos llaman "creencias centrales" o "esquemas".

Experiencias comunes de la infancia que pueden llevar a un apego emocional incluyen:

- Amor o aprobación condicional
- Negligencia o abandono
- Críticas excesivas o expectativas altas
- Sobreprotección o falta de autonomía
- Trauma o abuso
- Paternidad inconsistente o impredecible

Es importante notar que nuestros padres o cuidadores usualmente hicieron lo mejor que pudieron con los recursos y conocimientos que tenían. Comprender las raíces de nuestros patrones emocionales no se trata de culpar, sino de obtener una visión que pueda llevar a la sanación y el cambio.

El Tapiz Cultural

Si bien nuestras experiencias individuales juegan un papel significativo en el moldeamiento de nuestros apegos emocionales, no podemos pasar por alto la influencia de la cultura. La sociedad en la que crecemos proporciona un trasfondo para nuestro desarrollo emocional, influyendo en qué emociones expresamos, cómo las expresamos e incluso lo que creemos acerca de las emociones en sí.

Por ejemplo, en muchas culturas occidentales, hay un fuerte énfasis en el logro individual y la felicidad. Esto puede llevar a patrones emocionales en los que nos apegamos fuertemente a los sentimientos de orgullo o vergüenza basados en nuestros logros, o donde creemos que la felicidad constante es el estado ideal.

En contraste, algunas culturas orientales ponen más énfasis en la armonía y el bienestar colectivo. Esto podría llevar a patrones emocionales donde se prioriza el mantenimiento de la armonía social sobre la expresión emocional individual.

Considera cómo los mensajes culturales han influido en tus propios apegos emocionales:

- ¿Hay emociones que sientes que "deberías" o "no deberías" sentir?

- ¿Cómo ve tu cultura la expresión de emociones como la ira, la tristeza o la alegría?

- ¿Qué creencias sobre el éxito, las relaciones o el valor personal has absorbido de tu contexto cultural?

Comprender estas influencias culturales puede ayudarnos a discernir qué apegos emocionales realmente nos sirven y cuáles podríamos querer reconsiderar.

El Impacto del Trauma

Aunque no todos experimentan traumas importantes, es importante reconocer el profundo impacto que las experiencias traumáticas pueden tener en nuestros apegos emocionales. El trauma, ya sea un solo evento catastrófico o circunstancias estresantes continuas, puede alterar significativamente cómo nuestros cerebros procesan las emociones y cómo nos relacionamos con nosotros mismos y los demás.

El trauma puede llevar a apegos emocionales de varias maneras:

Hipervigilancia: Después del trauma, podríamos volvernos excesivamente apegados a los sentimientos de ansiedad o miedo como una forma de intentar prevenir futuros daños.

Entumecimiento: Por otro lado, podríamos apegarnos al entumecimiento emocional como una forma de evitar sentimientos dolorosos asociados con el trauma.

Flashbacks: El trauma puede crear fuertes apegos a experiencias pasadas, haciendo que las revivamos emocionalmente incluso cuando estamos físicamente a salvo.

Vergüenza y culpa: A menudo, los sobrevivientes de trauma desarrollan fuertes apegos a los sentimientos de vergüenza o culpa, incluso cuando el evento traumático no fue su culpa.

Si has experimentado un trauma, por favor sabe que la sanación es posible. Aunque este libro puede ser parte de tu viaje de sanación, también es importante trabajar con un terapeuta especializado en trauma que pueda proporcionar apoyo especializado.

Rompiendo las Cadenas

El camino por seguir, como hemos explorado en este capítulo, nuestros apegos emocionales tienen raíces profundas en nuestras 'historias personales, contextos culturales y experiencias de vida. Comprender estas raíces es un paso crucial en el proceso de liberación. Nos permite abordar nuestros patrones emocionales con compasión e introspección, en lugar de juicio.

En los capítulos venideros, construiremos sobre este entendimiento, explorando estrategias prácticas para aflojar estos apegos emocionales y crear nuevos patrones más saludables. Aquí tienes un adelanto de lo que vendrá:

- En el Capítulo 3, examinaremos el alto costo de aferrarse a las cargas emocionales, motivándonos en nuestro viaje hacia el cambio.

- El Capítulo 4 introducirá la atención plena como una poderosa herramienta para crear espacio entre nosotros y nuestros pensamientos y emociones.

- En el Capítulo 5, aprenderemos técnicas para reencuadrar nuestros pensamientos, desafiando creencias arraigadas que ya no nos sirven.

- El Capítulo 6 nos guiará a través del proceso transformador del perdón, tanto para los demás como para nosotros mismos.

- En el Capítulo 7, exploraremos la práctica de la aceptación, aprendiendo a abrazar la realidad tal como es mientras seguimos trabajando por el cambio positivo.

Recuerda, querido lector, que comprender las raíces de tus apegos emocionales no significa que estés condenado a ser controlado por ellos. Así como un jardinero necesita entender la naturaleza de las raíces de una planta para nutrirla de manera efectiva, exploramos nuestras raíces emocionales para nutrir nuestro crecimiento y sanación.

Al cerrar este capítulo, te invito a reflexionar sobre tus propias raíces emocionales. ¿Qué patrones puedes reconocer desde tu infancia? ¿Cómo ha moldeado tu contexto cultural tu mundo emocional? Si has experimentado trauma, ¿cómo ha influido en tus apegos emocionales?

Aborda estas reflexiones con amabilidad y curiosidad. No estás juzgando tu pasado o tus patrones, solo observándolos, sentando las bases para el trabajo transformador que está por venir.

En nuestro próximo capítulo, exploraremos los costos de aferrarse a estas cargas emocionales, no para desalentarte, sino para alimentar tu motivación hacia el cambio. Hasta entonces, sé amable contigo mismo.

Estás haciendo un trabajo importante, y cada paso de conciencia es un paso hacia la libertad.

El libro 'Sentirse Bien' de David Burns ofrece una mirada profunda sobre cómo identificar y desafiar los patrones de pensamiento negativo.

Capítulo 3

El Alto Costo de Aferrarse

A medida que continuamos nuestro viaje hacia la liberación emocional, es crucial comprender no solo la naturaleza y las raíces de nuestras cargas emocionales, sino también el profundo impacto que tienen en nuestras vidas. En este capítulo, exploraremos los altos costos de aferrarse al equipaje emocional, no para desalentarte, sino para motivarte hacia el cambio y destacar los beneficios potenciales de liberarte.

El Peaje Físico del Estrés Emocional

Nuestras emociones y nuestra salud física están intrínsecamente ligadas. La carga de llevar problemas emocionales no resueltos puede manifestarse de maneras muy reales y físicas. Permíteme compartir una experiencia personal para ilustrarlo:

Al principio de mi carrera como coach, estaba decidido a ayudar a tantas personas como fuera posible. Asumí una gran carga de trabajo, trabajando muchas horas y llevando el peso emocional de las luchas de mis clientes. Pensé que estaba manejando bien todo hasta que un día me encontré en la sala de emergencias con dolores en el pecho. Después de una serie de pruebas, el médico me dijo que no había nada físicamente mal con mi corazón. Lo que estaba experimentando era un ataque severo de ansiedad, la manera en que mi cuerpo me decía que la carga emocional que estaba llevando se había vuelto demasiado pesada.

Esta experiencia me enseñó de primera mano sobre el peaje físico del estrés emocional. Algunas manifestaciones físicas comunes de las cargas emocionales incluyen:

- Dolor crónico, especialmente dolores de cabeza y de espalda
- Problemas digestivos

- Alteraciones del sueño
- Sistema inmunológico debilitado
- Problemas cardiovasculares
- Fatiga y baja energía

Reflexiona por un momento: ¿Has experimentado alguno de estos síntomas físicos? ¿Cómo podrían estar relacionados con las cargas emocionales que estás llevando?

La Tensión en las Relaciones

Los problemas emocionales no resueltos no solo nos afectan internamente; se extienden hacia nuestras relaciones con los demás. Cuando estamos agobiados por el equipaje emocional, puede ser difícil estar plenamente presentes y comprometidos en nuestras interacciones.

Por ejemplo, si llevas el peso de traiciones pasadas, podrías encontrar difícil confiar en nuevas relaciones. O si estás agobiado por una ira no resuelta, podrías encontrar que reaccionas con molestia ante seres queridos por cuestiones menores.

Aquí te presento algunas maneras en que las cargas emocionales pueden tensar nuestras relaciones:

- Dificultad con la confianza y la intimidad
- Aumento de conflictos y malentendidos
- Indisponibilidad emocional
- Proyección de heridas pasadas en las relaciones actuales
- Codependencia o patrones de apego poco saludables

Reflexiona sobre tus propias relaciones. ¿De qué manera podrían estar afectadas por las cargas emocionales que llevas?

Limitaciones en el Crecimiento Personal y Profesional

El equipaje emocional no se queda en casa, también nos sigue en nuestra vida profesional. El peso de las emociones no resueltas puede impactar significativamente en nuestro progreso profesional y crecimiento personal.

Considera este escenario:

Sarah, una talentosa diseñadora gráfica, constantemente dudaba de sus habilidades debido a las críticas que recibió en su infancia. A pesar de su talento, dudaba en postularse para ascensos o aceptar proyectos desafiantes. Su carga emocional de autocrítica estaba literalmente frenando su carrera.

Algunas formas en que las cargas emocionales pueden limitar nuestro crecimiento profesional y personal incluyen:

- Falta de confianza y dudas sobre uno mismo
- Miedo al fracaso que lleva a perder oportunidades
- Dificultad para establecer y perseguir metas
- Procrastinación y reducción de la productividad
- Desafíos en roles de liderazgo debido a problemas emocionales no resueltos

Piensa en tu propia vida profesional o metas personales. ¿Hay áreas en las que las cargas emocionales podrían estar frenándote?

El Costo Oculto: La Pérdida de Alegría y Presencia

Quizás el costo más significativo de aferrarse a las cargas emocionales sea uno que es más difícil de cuantificar, pero profundamente impactante: la pérdida de alegría y presencia en nuestra vida diaria.

Cuando estamos agobiados por heridas pasadas, ansiedades futuras o resentimientos presentes, nos perdemos la riqueza del momento. Podríamos estar físicamente presentes para una hermosa puesta de sol, la risa de un niño o un momento de logro, pero emocionalmente, estamos en otro lugar, atrapados en nuestras luchas internas.

Esta constante preocupación por nuestro equipaje emocional puede llevar a:

- Dificultad para experimentar alegría y placer
- Reducción de la capacidad para estar atentos y presentes
- Oportunidades perdidas de conexión y experiencias positivas
- Una sensación general de insatisfacción o vacío

El Efecto Acumulativo: Una Vida a Medias

Al considerar estos diversos costos (físicos, relacionales, profesionales y emocionales), podemos comenzar a ver cómo aferrarse a las cargas emocionales puede llevar a una vida que se siente vivida a medias. Es como si estuviéramos viendo nuestra vida a través de una ventana empañada, sin poder involucrarnos completamente o experimentar la riqueza de lo que la vida tiene para ofrecer.

Pero aquí está la buena noticia: no tiene por qué ser así.

La Promesa de la Liberación

Comprender el alto costo de aferrarse al equipaje emocional no está destinado a agregar más carga, sino a iluminar el potencial para un cambio positivo. Cada costo que hemos discutido representa una oportunidad de sanación y crecimiento.

Imagina por un momento:

- ¿Cómo se sentiría despertarse sin ese peso en tu pecho?

• ¿Cómo podrían florecer tus relaciones si pudieras estar plenamente presente y abierto?

• ¿Qué podrías lograr en tu carrera o metas personales si no estuvieras frenado por el equipaje emocional?

• ¿Cuánta más alegría podrías experimentar en tu vida diaria si estuvieras emocionalmente liberado?

Estas no son solo preguntas retóricas. Representan posibilidades reales a medida que continúas este viaje de liberación.

Mirando Hacia Adelante: El Camino Hacia la Libertad

Al cerrar este capítulo y mirar hacia adelante, quiero que mantengas la esperanza. Los costos que hemos discutido son reales, pero no son permanentes. En los próximos capítulos, exploraremos estrategias prácticas para liberarte de estas cargas:

• En el Capítulo 4, profundizaremos en las prácticas de atención plena que pueden ayudarte a crear espacio entre tú y tus pensamientos y emociones.

• El Capítulo 5 introducirá técnicas de reencuadre cognitivo para desafiar y cambiar creencias limitantes.

• En el Capítulo 6, exploraremos el poder transformador del perdón.

• El Capítulo 7 te guiará a través del cultivo de la aceptación como un camino hacia la paz.

• Los Capítulos 8-10 proporcionarán estrategias prácticas para implementar estos conceptos en tu vida diaria y mantener tu progreso.

Recuerda, querido lector, que reconocer el peso que has estado llevando es el primer paso para dejarlo caer. Sé amable contigo mismo mientras reflexionas sobre los costos que has experimentado. Cada realización es una oportunidad para sanar, cada momento de conciencia es un paso hacia la libertad.

A medida que avanzamos, mantén la visión de la vida liberada que te espera. No es solo un sueño, es una posibilidad real, y ya has comenzado el viaje hacia ella.

En nuestro próximo capítulo, comenzaremos a explorar herramientas prácticas para liberarnos, empezando con la poderosa práctica de la atención plena. Hasta entonces, cuídate. Estás haciendo un trabajo importante, y cada paso cuenta.

El libro de Bessel van der Kolk 'El Cuerpo Lleva la Cuenta' proporciona una exploración completa de cómo las experiencias tempranas moldean nuestras respuestas emocionales.

Capítulo 4

La Atención Plena:

25

Tu Primer Paso Hacia la Libertad

A medida que comenzamos a explorar herramientas prácticas para liberarnos, empezamos con una de las prácticas más poderosas y transformadoras: la atención plena. En este capítulo, profundizaremos en lo que es la atención plena, por qué es tan efectiva para la liberación emocional y cómo puedes comenzar a incorporarla en tu vida diaria.

Entendiendo la Atención Plena

En su esencia, la atención plena es la práctica de estar plenamente presente y comprometido en el momento actual, siendo consciente de nuestros pensamientos y sentimientos sin juzgarlos. Se trata de observar nuestras experiencias internas y externas con curiosidad y apertura, en lugar de quedar atrapados en ellas o intentar cambiarlas.

Esto puede sonar simple, pero en nuestro mundo acelerado y lleno de distracciones, estar verdaderamente presente es una habilidad que requiere práctica. Permíteme compartir una experiencia personal que ilustra esto:

Hace años, estaba pasando por un periodo especialmente estresante en mi vida. Mi mente estaba constantemente corriendo, preocupándome por el futuro o rumiando sobre el pasado. Un día, mientras caminaba por un parque, me di cuenta de que no tenía idea de cómo había llegado allí o qué había pasado por el camino. Mi cuerpo estaba presente, pero mi mente estaba en otro lugar. Este momento de despertar me llevó a explorar la atención plena, y ha sido transformadora, no solo para mí, sino para muchas de las personas a las que he entrenado.

El Poder de la Atención Plena para la Liberación Emocional

La atención plena es particularmente efectiva para la liberación emocional por varias razones:

Creación de espacio: La atención plena ayuda a crear un espacio entre tú y tus pensamientos y emociones.

En lugar de quedar atrapado en un torbellino de sentimientos, puedes observarlos con cierta distancia.

Reducción de la reactividad: Al ayudarnos a pausar antes de reaccionar, la atención plena nos permite responder a las situaciones de manera más reflexiva y menos automática.

Incremento de la autoconciencia: La práctica regular de la atención plena nos ayuda a ser más conscientes de nuestros patrones de pensamiento y desencadenantes emocionales.

Fomento de la aceptación: La atención plena fomenta una postura de no juzgar hacia nuestras experiencias, promoviendo la autoaceptación y reduciendo la autocrítica.

Mejora de la presencia: Al anclarnos en el momento presente, la atención plena puede reducir la ansiedad por el futuro y la rumiación sobre el pasado.

Técnicas de Atención Plena para la Libertad Emocional

Ahora, exploremos algunas técnicas de atención plena prácticas que puedes empezar a usar de inmediato:

Respiración Consciente:

Esta es una práctica fundamental de la atención plena que puedes hacer en cualquier lugar y momento:

Encuentra una posición cómoda, ya sea sentado o acostado.

Cierra los ojos o suaviza la mirada.

Lleva tu atención a la respiración. Nota la sensación del aire moviéndose dentro y fuera de tu cuerpo.

Cuando tu mente divague (y lo hará), trae suavemente tu atención de vuelta a la respiración sin juzgar.

Comienza con 5 minutos y aumenta gradualmente la duración a medida que te sientas más cómodo con la práctica.

Exploración Corporal

Esta práctica ayuda a aumentar la conciencia corporal y puede ser particularmente útil para liberar tensión física:

Acuéstate en una posición cómoda.

Comenzando por los dedos de los pies, lleva tu atención a cada parte de tu cuerpo, subiendo gradualmente.

Nota cualquier sensación en cada área sin intentar cambiarlas.

Si notas tensión, imagina que respiras en esa área y permítele suavizarse.

Continúa hasta haber escaneado todo tu cuerpo.

Observación Consciente

Esta práctica ayuda a cultivar la conciencia del momento presente:

Elige un objeto en tu entorno (por ejemplo, una flor, una nube o una fruta).

Obsérvalo como si lo estuvieras viendo por primera vez.

Nota sus colores, formas, texturas y cualquier otro detalle.

Si tu mente divaga, trae suavemente tu atención de vuelta al objeto.

Práctica **STOP**

Esta es una técnica rápida de atención plena que puedes usar a lo largo del día:

S: Detente en lo que estás haciendo.

T: Toma unas cuantas respiraciones profundas.

O: Observa tus pensamientos, sentimientos y sensaciones corporales.

P: Procede con conciencia.

Incorporando la Atención Plena en la Vida Diaria

Si bien las prácticas formales como las descritas anteriormente son valiosas, el verdadero poder de la atención plena proviene de incorporarla en tu vida diaria. Aquí tienes algunas maneras de hacerlo:

Comer conscientemente: Presta atención plena a la experiencia de comer. Nota los sabores, texturas y sensaciones.

Caminar conscientemente: Mientras caminas, presta atención a la sensación de tus pies tocando el suelo, al movimiento de tu cuerpo y a tu entorno.

Escuchar conscientemente: Cuando estés en una conversación, da tu plena atención al hablante. Nota cuándo tu mente divaga y tráela suavemente de vuelta.

Transiciones conscientes: Usa los momentos entre actividades (por ejemplo, antes de encender el coche, antes de entrar a una reunión) para tomar unas cuantas respiraciones conscientes.

Revisiones conscientes: Configura recordatorios a lo largo del día para hacer una pausa y notar tus pensamientos, emociones y sensaciones corporales actuales.

Superando los Desafíos Comunes

Al comenzar tu práctica de atención plena, podrías encontrarte con algunos desafíos. Aquí tienes algunos comunes y cómo enfrentarlos:

"No puedo detener mis pensamientos": Recuerda, el objetivo no es detener los pensamientos, sino observarlos sin quedar atrapado en ellos. Piensa en tu mente como un cielo y en tus pensamientos como nubes que pasan.

"No tengo tiempo": Comienza con algo pequeño. Incluso unas pocas respiraciones conscientes pueden marcar la diferencia. Busca oportunidades para incorporar la atención plena en actividades que ya haces.

"No lo estoy haciendo bien": No hay una manera "correcta" de practicar la atención plena. Si estás consciente y observando sin juzgar, lo estás haciendo correctamente.

"No está funcionando": La atención plena es una habilidad que se desarrolla con el tiempo. Sé paciente contigo mismo y confía en el proceso.

El Viaje por Delante

Al cerrar este capítulo, te invito a comprometerte a incorporar la atención plena en tu vida diaria. Comienza poco a poco, quizás con 5 minutos de respiración consciente al día, y expande gradualmente tu práctica.

Recuerda, la atención plena no se trata de alcanzar un estado o resultado particular. Se trata de estar presente con lo que sea, momento a momento. A medida que cultives esta presencia, probablemente descubrirás que el peso de tus cargas emocionales comienza a aligerarse, no porque las fuerces a desaparecer, sino porque has creado un espacio a su alrededor.

En nuestro próximo capítulo, construiremos sobre esta base de la atención plena al explorar el reencuadre cognitivo, una poderosa técnica para cambiar la forma en que pensamos sobre nuestras experiencias. Hasta entonces, sé amable contigo mismo mientras comienzas o profundizas tu práctica de atención plena. Cada momento de conciencia es un paso hacia la libertad emocional.

Ejercicio Práctico: Atención Plena de Un Minuto

Antes de terminar, practiquemos juntos un rápido ejercicio de atención plena:

- Configura un temporizador para un minuto.
- Cierra los ojos o suaviza tu mirada.
- Lleva tu atención a la respiración.
- Nota la sensación de inhalar y exhalar.
- Cuando tu mente divague, tráela suavemente de vuelta a la respiración.
- Cuando suene el temporizador, tómate un momento para notar cómo te sientes.

Considera hacer este ejercicio varias veces al día. Con la práctica, encontrarás que es más fácil acceder a este estado de conciencia plena, creando más espacio y libertad en tu vida emocional.

Recuerda, querido lector, que tienes dentro de ti la capacidad para la paz y la presencia.

La atención plena es una herramienta para ayudarte a acceder a esa capacidad.

32

Capítulo 5

Reencuadre:

34

Cambiando Tu Lente Emocional

A medida que continuamos nuestro viaje hacia la liberación emocional, construimos sobre la base de la atención plena que establecimos en el capítulo anterior. Ahora, dirigimos nuestra atención a una técnica poderosa que puede alterar fundamentalmente cómo percibimos y reaccionamos ante nuestras experiencias: el reencuadre cognitivo.

Entendiendo el Reencuadre Cognitivo

El reencuadre cognitivo, también conocido como reestructuración cognitiva, es una técnica que implica identificar y luego cambiar la forma en que vemos una situación, una experiencia o una creencia. Se trata de cambiar nuestra perspectiva para ver las cosas de una manera diferente, a menudo más equilibrada o positiva.

Déjame compartir una experiencia personal para ilustrar este concepto:

Al principio de mi carrera, me postulé para un puesto prestigioso y fui rechazado. Inicialmente, me sentí devastado, viendo la situación como un reflejo de mi inadecuación. Sin embargo, a través del reencuadre cognitivo, pude cambiar mi perspectiva. Comencé a ver la negativa no como un fracaso, sino como una oportunidad para crecer y redirigirme. Este cambio no solo alivió mi dolor emocional, sino que también me abrió nuevas oportunidades que de otro modo podría haber pasado por alto.

Esta historia demuestra cómo la misma situación puede generar resultados emocionales muy diferentes dependiendo de cómo la encuadremos en nuestra mente.

El Poder del Reencuadre para la Liberación Emocional

El reencuadre cognitivo es particularmente efectivo para la liberación emocional porque:

- Desafía los pensamientos negativos automáticos
- Proporciona una perspectiva más equilibrada
- Reduce la reactividad emocional
- Aumenta la capacidad de resolver problemas
- Fomenta la resiliencia y la adaptabilidad
- Técnicas para el Reencuadre Cognitivo

Exploremos algunas técnicas prácticas que puedes usar para comenzar a reencuadrar tus pensamientos:

El Modelo ABCDE

Este modelo, desarrollado por el psicólogo Albert Ellis, es un enfoque estructurado para el reencuadre:

- A: Evento Activador (¿Qué pasó?)
- B: Creencias (¿Qué pensamientos desencadenó esto?)
- C: Consecuencias (¿Qué emociones y comportamientos resultaron?)
- D: Disputar (Desafía las creencias: ¿Son racionales? ¿Cuál es la evidencia?)
- E: Efecto (¿Cuál es una nueva perspectiva más equilibrada?)

Por ejemplo:

A: Cometes un error en el trabajo.

B: "Soy incompetente. Probablemente me despidan."

C: Ansiedad, vergüenza, te alejas de tus colegas.

D: ¿Un error realmente significa que soy incompetente? ¿No he tenido éxito en muchas tareas antes?

E: "Todos cometemos errores. Esta es una oportunidad para aprender y mejorar."

Encontrar Explicaciones Alternativas

Cuando te enfrentas a una interpretación negativa de un evento, desafíate a ti mismo para encontrar al menos tres explicaciones alternativas. Por ejemplo:

Situación: Un amigo no devuelve tu llamada.

Interpretación negativa: "Están enojados conmigo o no valoran nuestra amistad."

Explicaciones alternativas:

Están muy ocupados y no han tenido la oportunidad de devolver la llamada.

No vieron la notificación de la llamada perdida.

Están pasando por algo personal y están temporalmente retraídos.

Perspectiva de Mejor Amigo

Cuando estás siendo duro contigo mismo, pregúntate: "¿Qué le diría a mi mejor amigo si estuviera en esta situación?" A menudo somos mucho más amables y racionales con los demás que con nosotros mismos.

Reencuadre del Lenguaje

Presta atención al lenguaje que usas, tanto internamente como externamente. Pequeños cambios pueden marcar una gran diferencia:

En lugar de decir "Tengo que", prueba "Puedo" o "Elijo".

Reemplaza "pero" por "y" (por ejemplo, "Esto es desafiante y estoy aprendiendo de ello").

Usa "todavía" para enmarcar los desafíos como algo temporal (por ejemplo, "Aún no he dominado esto").

Encontrar la Oportunidad

En cada situación desafiante, pregúntate: "¿Cuál es la oportunidad aquí?" Esto no significa negar las dificultades, sino buscar el crecimiento o los resultados positivos potenciales.

Poniendo en Práctica el Reencuadre

Para convertir el reencuadre en un hábito, prueba estos ejercicios:

- Diario de Pensamientos: Cada día, escribe un pensamiento negativo que hayas tenido. Luego, practica reencuadrarlo utilizando una de las técnicas anteriores.
- Juego de Reencuadre: Con un amigo o familiar, compartan situaciones desafiantes y ayúdense mutuamente a reencuadrarlas positivamente.
- Reflexión Diaria: Al final de cada día, reflexiona sobre un momento difícil. ¿Cómo podrías reencuadrarlo? ¿Cómo se siente esta nueva perspectiva?
- Recordatorios de Reencuadre: Configura recordatorios en tu teléfono para hacer pausas y reencuadrar a lo largo del día.
- Superando Desafíos en el Reencuadre

A medida que practiques el reencuadre, podrías encontrarte con algunos desafíos:

"Se siente falso o forzado": Recuerda, el reencuadre no se trata de negar la realidad o forzar la positividad. Se trata de encontrar una perspectiva más equilibrada y útil.

"No puedo pensar en perspectivas alternativas": Esta es una habilidad que se desarrolla con la práctica. Comienza con algo pequeño y sé paciente contigo mismo.

"Reencuadro, pero aún me siento mal": Las emociones pueden tardar en ponerse al día con nuestros pensamientos. Sigue practicando, y tus sentimientos probablemente se alinearán con el tiempo.

"Algunas situaciones son objetivamente malas": Aunque esto puede ser cierto, a menudo tenemos más espacio para la interpretación de lo que nos damos cuenta. Concéntrate en los aspectos que puedes ver de manera diferente.

El Viaje por Delante

A medida que concluimos este capítulo, te animo a abordar el reencuadre con curiosidad y compasión. Al igual que la atención plena, es una habilidad que se desarrolla con el tiempo. No estás tratando de borrar pensamientos negativos o forzar la positividad, sino de crear más espacio y flexibilidad en tu forma de pensar.

En nuestro próximo capítulo, exploraremos el poder transformador del perdón, tanto para los demás como para nosotros mismos. Esto se basará en las habilidades de atención plena y reencuadre que hemos desarrollado, llevándonos más allá en nuestro viaje de liberación emocional.

Ejercicio Práctico: Reencuadre en Acción

Antes de terminar, practiquemos un rápido ejercicio de reencuadre:

Piensa en una situación reciente que te haya causado estrés o emociones negativas.

Escribe:

La situación

Tus pensamientos y sentimientos iniciales

Una perspectiva reencuadrada utilizando una de las técnicas que discutimos

Reflexiona sobre cómo se siente esta nueva perspectiva. ¿Crea algún cambio en tus emociones?

Recuerda, querido lector, que tus pensamientos no son hechos, son interpretaciones que se pueden cambiar. Al practicar el reencuadre, estás desarrollando una poderosa herramienta para la libertad emocional.

Sé paciente y amable contigo mismo mientras cultivas esta habilidad. Cada reencuadre, por pequeño que sea, es un paso hacia una vida emocionalmente más libre y ligera.

Capítulo 6
Perdón:

Liberándote a Ti Mismo y a Los Demas

A medida que continuamos nuestro viaje hacia el despojo emocional, llegamos a una práctica poderosa y, a menudo, incomprendida: el perdón. En este capítulo, exploraremos qué es el perdón verdadero, por qué es crucial para la libertad emocional y cómo cultivarlo en tu vida.

Entendiendo el Verdadero Perdón

El perdón suele ser uno de los aspectos más desafiantes del proceso de liberación emocional, en parte porque con frecuencia se malinterpreta. Déjame compartir una experiencia personal que ilustra esto:

Hace años, guardaba un profundo resentimiento hacia un excolega que había traicionado mi confianza. Creía que perdonar significaba olvidar lo que había sucedido o reconciliarme con esta persona. Como resultado, me aferraba a mi enojo, dejando que envenenara mis pensamientos y relaciones. No fue hasta que aprendí sobre el verdadero perdón que pude liberarme de esta carga y encontrar paz.

El verdadero perdón no se trata de olvidar lo que sucedió ni de excusar un comportamiento dañino. Ni siquiera se trata necesariamente de la reconciliación. En cambio, el perdón es un proceso personal de dejar ir el resentimiento y el deseo de venganza. Se trata de liberarte de las cadenas emocionales que te atan a las heridas del pasado.

El Poder del Perdón para el Despojo Emocional

El perdón es un componente crucial del despojo emocional por varias razones:

1. **Te libera del ciclo de enojo y resentimiento**

2. Reduce el estrés y mejora la salud física
3. Te permite recuperar tu poder personal
4. Abre la puerta a la sanación y el avance
5. Puede llevar a una mayor empatía y compasión

Las Dos Caras del Perdón: Hacia los Demás y Hacia uno Mismo

Cuando pensamos en el perdón, a menudo pensamos en perdonar a los demás. Sin embargo, el perdón hacia uno mismo es igualmente importante. Ambas formas de perdón son esenciales para el despojo emocional.

Perdonando a los Demás

Perdonar a los demás no significa que condones sus acciones ni que necesites reconciliarte con ellos. Se trata de liberar el control que esa persona y ese evento tienen sobre tu bienestar emocional.

Pasos para perdonar a los demás:

1. **Reconoce el dolor**: Permítete sentir y expresar el dolor.
2. **Obtén perspectiva**: Trata de comprender la situación desde diferentes ángulos.
3. **Elige perdonar**: Toma una decisión consciente de dejar ir el resentimiento.
4. **Libera la emoción**: Utiliza técnicas como la visualización o la escritura de cartas (que no necesitas enviar) para liberar la carga emocional.
5. **Reencuadra la experiencia**: Busca lecciones o crecimiento que hayan surgido de la situación.

Perdonándote a ti mismo

El perdón hacia uno mismo puede ser aún más desafiante que perdonar a los demás. Tendemos a ser nuestros críticos más duros. Sin embargo, aprender a perdonarse a uno mismo es crucial para la libertad emocional.

Pasos para el perdón hacia uno mismo:

1. **Acepta la responsabilidad**: Reconoce tu papel sin juicio.
2. **Practica la autocompasión**: Trátate con la amabilidad que ofrecerías a un amigo.
3. **Aprende de la experiencia**: Identifica lecciones y cómo has crecido.
4. **Haz las paces si es necesario**: Toma medidas para corregir los errores cuando sea posible.
5. **Comprométete a hacerlo mejor**: Usa la experiencia para tomar mejores decisiones en el futuro.

Técnicas para Cultivar el Perdón

Aquí hay algunas técnicas prácticas para ayudarte a cultivar el perdón:

1. **La Carta de Perdón**
   Escribe una carta a la persona a la que estás perdonando (incluyéndote a ti mismo si estás practicando el perdón hacia ti). Expresa tus sentimientos de manera honesta y luego elige conscientemente perdonar. No es necesario que envíes la carta; el acto de escribir en sí puede ser catártico.
2. **Meditación de Bondad Amorosa**
   Esta práctica de meditación implica enviar buenos deseos a ti mismo, a tus seres queridos, a personas neutrales e incluso a aquellos que te han lastimado. Puede ayudarte a cultivar la compasión y el perdón.
3. Comienza contigo mismo: "Que sea feliz, que sea saludable, que esté seguro, que viva con facilidad."

4. Pasa a un ser querido, repitiendo las frases.
5. Piensa en una persona neutral, repitiendo las frases.
6. Finalmente, si estás listo, dirige estos deseos hacia alguien que te haya lastimado.
7. **La Técnica de la Silla Vacía**

   Imagina a la persona a la que estás perdonando (o a ti mismo si estás practicando el perdón hacia ti) sentada en una silla vacía. Háblale, expresando tus sentimientos y tu decisión de perdonar. Luego, cambia de silla y responde desde su perspectiva.
8. **Afirmaciones de Perdón**

   Crea y repite afirmaciones que refuercen tu compromiso con el perdón. Por ejemplo:

- "Elijo liberar el pasado y avanzar."
- "Me perdono y aprendo de mis experiencias."
- "Soy capaz de dejar ir y encontrar paz."

1. **Visualización**

   Visualiza tu resentimiento como un objeto pesado que estás cargando. Imagina que lo dejas en el suelo y te alejas, sintiéndote más ligero con cada paso.

Superando los Desafíos del Perdón

Mientras trabajas en el perdón, podrías encontrarte con algunos desafíos:

1. **"No merecen el perdón"**: Recuerda que el perdón es para tu beneficio, no para el de ellos.
2. **"Si perdono, estoy diciendo que lo que pasó estuvo bien"**: El perdón no significa condonar la acción.
3. **"He intentado perdonar, pero aún me siento enojado"**: El perdón es un proceso, no un evento de una sola vez. Sé paciente

contigo mismo.

4. **"No puedo perdonarme"**: El perdón hacia uno mismo a menudo toma tiempo. Comienza con pequeños actos de autocompasión.

El Viaje por Delante

A medida que concluimos este capítulo, recuerda que el perdón es un viaje, no un destino. Es una práctica a la que volvemos una y otra vez, liberando un poco más de nuestras cargas emocionales en cada ocasión.

En nuestro próximo capítulo, exploraremos la práctica de la aceptación, aprendiendo a abrazar la realidad tal como es mientras seguimos trabajando hacia un cambio positivo. Esto se basará en el trabajo de perdón que hemos hecho aquí, llevándonos más lejos en el camino de la liberación emocional.

Ejercicio Práctico: Meditación de Perdón

Terminemos con una breve meditación de perdón:

1. Encuentra una posición cómoda y cierra los ojos.
2. Respira profundamente algunas veces, centrándote.
3. Trae a tu mente a alguien a quien deseas perdonar (esto podría ser a ti mismo).
4. Reconoce el dolor que has experimentado.
5. Repite en silencio: "Reconozco este dolor. Elijo liberarlo. Elijo el perdón."
6. Visualiza el dolor saliendo de tu cuerpo con cada exhalación.
7. Termina con: "Que sea libre. Que encuentre paz."

Recuerda, querido lector, que el perdón es uno de los regalos más poderosos que puedes darte. No siempre es fácil, pero es un paso crucial hacia la libertad emocional. Sé paciente y compasivo contigo mismo mientras practicas. Cada pequeño acto de perdón es un paso hacia una vida más libre y ligera emocionalmente.

47

Capítulo 7
Aceptación:

Abrazar lo Que Es

A medida que continuamos nuestro viaje de despojo emocional, llegamos a una práctica que es tanto profundamente simple como sumamente desafiante: la aceptación. En este capítulo, exploraremos qué significa la verdadera aceptación, por qué es crucial para la libertad emocional y cómo cultivarla en tu vida.

Comprender la Verdadera Aceptación

A menudo se malinterpreta la aceptación como una forma de resignación o de rendirse. Pero la verdadera aceptación es algo muy diferente. Déjame compartir una experiencia personal para ilustrarlo:

Al principio, como coach, trabajé con una clienta que tenía una enfermedad crónica. Estaba enojada, frustrada y constantemente luchando contra su condición. Su resistencia le causaba un inmenso sufrimiento emocional, además de su dolor físico. A medida que trabajábamos juntas en la aceptación, comenzó a ver que aceptar su enfermedad no significaba que le gustara o que estuviera renunciando al tratamiento. En su lugar, significaba reconocer su realidad sin juzgarla, lo que le permitió enfocar su energía en vivir su mejor vida dentro de sus circunstancias. La transformación en su bienestar emocional fue notable.

La verdadera aceptación se trata de reconocer la realidad tal como es, sin negarla, evitarla o juzgarla. No se trata de que te guste o apruebes una situación, sino de reconocer lo que es verdadero en el momento presente. Paradójicamente, esta aceptación a menudo abre la puerta al cambio positivo.

El Poder de la Aceptación para el Despojo Emocional

La aceptación es un componente crucial del despojo emocional por varias razones:

1. **Reduce el sufrimiento causado por la resistencia a la realidad**
2. **Libera energía que puede ser utilizada para la acción constructiva**
3. **Permite una perspectiva más clara sobre las situaciones**
4. **Promueve la resiliencia emocional**
5. **Mejora nuestra capacidad para vivir en el presente**

La Paradoja de la Aceptación y el Cambio

Una idea errónea común sobre la aceptación es que significa renunciar al cambio. En realidad, la aceptación y el cambio no son opuestos, sino complementarios. Como dice el dicho, "Lo que resistes, persiste". A menudo, solo cuando aceptamos plenamente una situación podemos ver con claridad cómo cambiarla, o reconocer qué aspectos de ella podemos o no controlar.

Cultivando la Aceptación: Un Enfoque Paso a Paso

Aquí tienes un enfoque paso a paso para cultivar la aceptación:

1. **Reconoce la realidad**: Comienza simplemente reconociendo lo que es verdad en el momento presente, sin intentar cambiarlo o juzgarlo.
2. **Nota la resistencia**: Hazte consciente de cómo podrías estar resistiendo o luchando contra la realidad. Esta resistencia a menudo se manifiesta en pensamientos como "Esto no debería estar sucediendo" o "No puedo soportar esto".
3. **Siente tus emociones**: Permítete sentir cualquier emoción que surja. Recuerda, la aceptación incluye aceptar tus sentimientos sobre una situación.

4. **Practica la autocompasión**: Sé amable contigo mismo mientras navegas por realidades difíciles. Está bien luchar con la aceptación.
5. **Cambia tu lenguaje**: En lugar de decir "Esto no debería estar sucediendo", intenta decir "Esto está sucediendo". Observa cómo se siente este cambio.
6. **Concéntrate en lo que puedes controlar**: Una vez que hayas aceptado la realidad de una situación, dirige tu atención a qué aspectos, si es que los hay, puedes influir o cambiar.

Técnicas para Cultivar la Aceptación

Aquí hay algunas técnicas prácticas para ayudarte a cultivar la aceptación:

1. **El Mantra de Aceptación**
   Crea un mantra personal que encarne la aceptación. Repítelo cuando notes que estás resistiéndote a la realidad. Por ejemplo:

- "Es lo que es."
- "Acepto este momento tal como es."
- "Esto también es parte de mi experiencia."

1. **Escaneo Corporal Consciente**
   Realiza un escaneo corporal, notando cualquier sensación física sin intentar cambiarlas. Esta práctica de aceptar las sensaciones físicas puede trasladarse a la aceptación de las realidades emocionales y situacionales.
2. **La Carta de Aceptación**
   Escribe una carta para ti mismo o para una situación con la que estés luchando por aceptar. Expresa tus sentimientos honestamente, luego elige conscientemente aceptar la realidad de la situación. Termina la carta con declaraciones de

aceptación.

3. **Meditación del "Sí"**

Siéntate en silencio y trae a tu mente una situación que estás resistiendo. Para cada aspecto de la situación, di mentalmente "Sí", no porque te guste, sino como un reconocimiento de su realidad. Observa cómo se siente esto en comparación con decir "No" a la realidad.

4. **La Oración de la Serenidad**

Ya seas religioso o no, la sabiduría de la Oración de la Serenidad puede ser una herramienta poderosa para la aceptación:
"Concédeme la serenidad para aceptar las cosas que no puedo cambiar,
El valor para cambiar las cosas que puedo,
Y la sabiduría para reconocer la diferencia."
Reflexiona sobre esto, aplicándolo a tu situación específica.

Superando los Desafíos en la Aceptación

Mientras trabajas en la aceptación, podrías encontrarte con algunos desafíos:

1. **"Si acepto esto, estoy diciendo que está bien"**: Recuerda, la aceptación no se trata de que te guste o apruebes. Se trata de reconocer la realidad.

2. **"Aceptar se siente como rendirse"**: La aceptación no es una resignación pasiva. A menudo, es el primer paso hacia la acción efectiva.

3. **"Puedo aceptar algunas cosas, pero esto es demasiado grande"**: Comienza con cosas más pequeñas y construye tu "músculo de la aceptación". Ten paciencia contigo mismo.

4. **"Intelectualmente lo acepto, pero emocionalmente aún me resisto"**: Esto es normal. La aceptación emocional a menudo lleva tiempo. Sigue practicando, y es probable que tus

emociones finalmente se alineen.

El Viaje por Delante

A medida que concluimos este capítulo, recuerda que la aceptación, al igual que el perdón, es una práctica continua. No se trata de alcanzar un estado perfecto de aceptación, sino de volver continuamente hacia la realidad con apertura y compasión.

En nuestro próximo capítulo, comenzaremos a explorar cómo integrar todas estas prácticas —la atención plena, el reencuadre, el perdón y la aceptación— en tu vida diaria. Veremos cómo crear hábitos sostenibles que respalden tu continuo proceso de despojo emocional.

Ejercicio Práctico: La Pausa de Aceptación

Terminemos con una breve práctica de aceptación:

1. Tómate un momento para hacer una pausa y respirar profundamente.
2. Trae a tu mente una situación a la que te estés resistiendo en este momento.
3. Observa cualquier sensación física o emoción que surja. Permíteles estar allí.
4. Dite a ti mismo: "Esto es lo que está sucediendo ahora mismo."
5. Toma otra respiración profunda, permitiéndote suavizarte ante la realidad de la situación.
6. Pregúntate: "Ahora que he reconocido esta realidad, ¿cómo quiero responder?"

Recuerda, querido lector, que la aceptación no se trata de que te guste todo lo que sucede. Se trata de reconocer la realidad para que puedas responder desde un lugar de claridad en lugar de reactividad. Cada momento de aceptación, por pequeño que sea, es un paso hacia la libertad emocional. Sé paciente y amable contigo mismo mientras practicas. Estás haciendo un trabajo importante y transformador.

Capítulo 8
El Ritual Diario de Despojo

A medida que nos acercamos al final de nuestro viaje juntos, llegamos al que tal vez sea el capítulo más crucial: cómo integrar todo lo que hemos aprendido en tu vida diaria. Las técnicas de atención plena, reencuadre, perdón y aceptación son herramientas poderosas, pero su verdadero potencial transformador se realiza cuando se convierten en una parte natural de tu rutina cotidiana.

El Poder del Ritual

Déjame compartir una experiencia personal que ilustra la importancia de la práctica diaria:

Cuando comencé mi propio viaje de despojo emocional, estaba entusiasmado pero era inconsistente. Practicaba intensamente durante unos días, luego lo dejaba por semanas. Mi progreso fue lento y frustrante. No fue hasta que creé un "ritual diario de despojo" que comencé a ver un cambio real y duradero. Esta simple práctica consistente se convirtió en un ancla en mi día, transformando gradualmente mi panorama emocional de maneras profundas.

Los rituales tienen poder. Proporcionan estructura, crean transiciones conscientes en nuestro día y refuerzan nuestro compromiso con nosotros mismos. Al crear un ritual diario de despojo, no solo practicas técnicas, sino que reafirmas regularmente tu compromiso con la libertad emocional.

Creando tu Ritual Diario de Despojo

Tu ritual diario de despojo debe ser personal para ti, adaptándose a tu estilo de vida y necesidades. Aquí tienes un marco para ayudarte a crear el tuyo:

1. **Elige una hora consistente**: Ya sea a primera hora de la mañana, durante tu descanso para almorzar o antes de acostarte, elige una hora que puedas seguir la mayoría de los días.
2. **Empieza poco a poco**: Comienza con solo 5-10 minutos. Siempre puedes ampliar más adelante.
3. **Crea un espacio dedicado**: Si es posible, designa un espacio físico para tu práctica. Esto puede ser un rincón de tu habitación, una silla cómoda o incluso un cojín específico.
4. **Establece una intención**: Comienza cada ritual estableciendo una intención para tu práctica y tu día.
5. **Incorpora prácticas clave**: Incluye elementos de atención plena, reencuadre, perdón y aceptación en tu ritual.
6. **Cierra con gratitud**: Termina tu ritual anotando algo por lo que estés agradecido.

Aquí tienes un ejemplo de cómo podría verse un ritual diario de despojo de 10 minutos:

1. (**1 min**) Siéntate cómodamente y establece tu intención para la práctica.
2. (**3 min**) Practica la respiración consciente, observando tus pensamientos y sentimientos.
3. (**2 min**) Identifica un pensamiento desafiante y practica el reencuadre.
4. (**2 min**) Practica una breve meditación de bondad amorosa, cultivando el perdón.
5. (**1 min**) Reflexiona sobre algo con lo que estés luchando para aceptar y practica la aceptación.

6. (**1 min**) Nota algo por lo que estés agradecido.

Recuerda, este es solo un ejemplo. Tu ritual debe sentirse adecuado para ti.

Integrando las Prácticas a lo Largo de tu Día

Aunque tu ritual diario es importante, el verdadero objetivo es integrar estas prácticas en tu vida cotidiana. Aquí tienes algunas estrategias para hacerlo:

1. **Momentos conscientes**: Configura recordatorios en tu teléfono para tomar tres respiraciones conscientes en varios momentos del día.
2. **Reencuadre en el momento**: Cuando notes un pensamiento negativo, haz una pausa e intenta reencuadrarlo de inmediato.
3. **Revisiones de perdón**: Al final de cada día, reflexiona sobre cualquier resentimiento que estés manteniendo y practica dejarlo ir.
4. **Pausas de aceptación**: Cuando sientas que te estás resistiendo a una situación, tómate un momento para practicar la aceptación.
5. **Rituales de gratitud**: Comienza o termina tu día anotando tres cosas por las que estés agradecido.
6. **Revisiones emocionales**: Pregúntate regularmente: "¿Qué estoy sintiendo en este momento?" sin juzgar.

Creando Hábitos de Apoyo

Para apoyar tus prácticas de despojo emocional, considera incorporar estos hábitos:

1. **Diario**: Lleva un diario diario para seguir tus pensamientos, emociones y progreso.

2. **Cuidado del cuerpo**: El ejercicio regular, la alimentación saludable y un sueño adecuado apoyan el bienestar emocional.

3. **Tiempo en la naturaleza**: Pasa tiempo en la naturaleza con regularidad, incluso si es solo un paseo corto por un parque local.

4. **Desintoxicación digital**: Establece límites en el uso de la tecnología para crear espacio para la presencia y la autorreflexión.

5. **Relaciones de apoyo**: Cultiva relaciones que apoyen tu crecimiento y salud emocional.

Superando Desafíos Comunes

Mientras trabajas para integrar estas prácticas en tu vida diaria, es posible que te enfrentes a algunos desafíos:

1. **"No tengo tiempo"**: Recuerda, incluso unos pocos minutos pueden marcar la diferencia. Busca pequeños momentos de tiempo en tu día.

2. **"Me olvido"**: Usa recordatorios en tu teléfono o notas adhesivas en lugares visibles.

3. **"No veo resultados"**: El cambio a menudo ocurre de manera gradual. Confía en el proceso y sé paciente contigo mismo.

4. **"Estoy demasiado cansado"**: Si te sientes constantemente demasiado cansado para tu práctica, considera cambiarla a otro momento del día.

5. **"La vida se interpone"**: Sé flexible. Si te saltas un día, simplemente comienza de nuevo al día siguiente sin juzgarte.

El Viaje por Delante

Al concluir este capítulo, recuerda que integrar estas prácticas en tu vida es en sí mismo una práctica. Habrá días en los que se sienta fácil y natural, y días en los que sea más desafiante. La clave es abordarlo todo con autocompasión y persistencia.

En nuestros dos últimos capítulos, exploraremos cómo navegar los contratiempos y recaídas, y cómo continuar tu viaje de crecimiento y libertad emocional más allá de este libro.

Ejercicio Práctico: Diseña tu Ritual

Terminemos con un ejercicio práctico:

1. Tómate unos momentos para diseñar tu propio ritual diario de despojo.
2. Considera:

- ¿A qué hora del día practicarás?
- ¿Dónde practicarás?
- ¿Qué elementos incluirás?
- ¿Cuánto tiempo durará tu ritual?

1. Escribe tu ritual y comprométete a intentarlo durante una semana.

Recuerda, querido lector, que cada vez que practicas, estás reforzando tu compromiso con la libertad emocional. Estás remodelando tus vías neuronales y creando nuevos patrones más saludables. Sé paciente y amable contigo mismo mientras integras estas prácticas en tu vida. Estás haciendo un trabajo importante y transformador, y cada pequeño paso cuenta.

Capítulo 9
Navegando Retrocesos y Recaídas

A medida que nos acercamos al final de nuestro viaje juntos, es crucial que abordemos una realidad de cualquier proceso transformador: los retrocesos y las recaídas. El camino hacia el despojo emocional rara vez es una línea recta, y comprender cómo navegar los inevitables baches en el camino es clave para el éxito a largo plazo.

Comprendiendo los Retrocesos y Recaídas

Primero, definamos qué entendemos por retrocesos y recaídas. Un retroceso es una reversión temporal o un obstáculo en el progreso. Una recaída, por otro lado, es un retorno a un estado anterior después de un período de mejora. Ambos son partes normales de cualquier proceso de cambio.

Déjame compartir una experiencia personal para ilustrar esto:

Años después de comenzar mi propio viaje de despojo emocional, experimenté una pérdida personal significativa. Ante este dolor, me encontré resbalando nuevamente en viejos patrones de pensamiento negativo y evasión emocional. Al principio, me frustré conmigo mismo. ¿Acaso no había aprendido a manejar esto mejor? Pero luego recordé que los retrocesos son parte del proceso. En lugar de reprenderme, utilicé las herramientas que había aprendido para navegar este momento desafiante. Esta experiencia, en última instancia, profundizó mi práctica y resiliencia.

Esta historia ilustra un punto importante: los retrocesos y recaídas no son fracasos, sino oportunidades para un aprendizaje y crecimiento más profundos.

Por Qué Ocurren los Retrocesos y Recaídas

Existen muchas razones por las que podríamos experimentar retrocesos o recaídas:

1. **Estrés**: Las situaciones de alto estrés pueden desencadenar viejos mecanismos de afrontamiento.
2. **Cambios en la vida**: Los eventos importantes pueden interrumpir nuestras rutinas y prácticas.
3. **Complacencia**: A medida que empezamos a sentirnos mejor, podemos volvernos menos diligentes en nuestras prácticas.
4. **Expectativas poco realistas**: Si esperamos perfección, cualquier desliz puede parecer un fracaso importante.
5. **Falta de apoyo**: Sin el apoyo adecuado, es más fácil recaer en viejos patrones.

Entender estos posibles desencadenantes puede ayudarnos a prepararnos mejor para enfrentarlos de manera efectiva.

Estrategias para Navegar Retrocesos y Recaídas

Aquí tienes algunas estrategias para ayudarte a navegar retrocesos y recaídas:

1. **Practica la Autocompasión**
   Cuando experimentes un retroceso, trátate con amabilidad. Háblate como lo harías con un querido amigo que está pasando por un momento difícil.
2. **Reenfoca el Retroceso**
   En lugar de ver un retroceso como un fracaso, intenta verlo como una oportunidad de aprendizaje. Pregúntate:

- ¿Qué puedo aprender de esta experiencia?
- ¿Cómo puede este retroceso fortalecer mi práctica?

1. **Vuelve a lo Básico**
    Cuando te sientas luchando, vuelve a las prácticas
    fundamentales que hemos discutido:

* Respiración consciente
* Técnicas básicas de reencuadre
* Prácticas simples de aceptación

1. **Busca Apoyo**

    No intentes navegar los retrocesos solo. Busca a amigos,
    familiares o un terapeuta de confianza para obtener apoyo.
2. **Revisa y Ajusta tu Plan**

    Usa el retroceso como una oportunidad para revisar tus
    prácticas. ¿Hay áreas que necesiten ajustes?
3. **Practica la Paciencia**

    Recuerda que el cambio lleva tiempo. Sé paciente contigo
    mismo y con el proceso.
4. **Celebra las Pequeñas Victorias**

    Incluso en medio de un retroceso, busca pequeñas victorias
    para celebrar. Esto ayuda a mantener la motivación y la
    perspectiva.

Creando un Plan de Prevención de Recaídas

Una herramienta poderosa para navegar los retrocesos es un plan de
prevención de recaídas. Aquí te explico cómo crear uno:

1. **Identifica tus desencadenantes**: ¿Qué situaciones, emociones
    o eventos tienden a desencadenar retrocesos para ti?
2. **Reconoce las señales de advertencia temprana**: ¿Cuáles son
    las señales tempranas de que podrías estar resbalando en viejos
    patrones?
3. **Enumera tus estrategias de afrontamiento favoritas**: ¿Qué

prácticas o técnicas funcionan mejor para ti cuando estás luchando?

4. **Identifica tu sistema de apoyo**: ¿A quién puedes acudir cuando necesites apoyo?
5. **Crea un plan de acción de emergencia**: ¿Qué pasos específicos tomarás si reconoces que estás experimentando un retroceso importante?
6. **Planifica tu autocuidado**: ¿Cómo te cuidarás a ti mismo durante los momentos difíciles?

Escribe tu plan y mantenlo en un lugar fácilmente accesible.

Aprendiendo de los Retrocesos

Cada retroceso contiene información valiosa si estamos dispuestos a buscarla. Después de haber superado un retroceso, tómate un tiempo para reflexionar:

- ¿Qué condujo a este retroceso?
- ¿Cómo respondí?
- ¿Qué funcionó bien en mi respuesta?
- ¿Qué podría hacer de manera diferente la próxima vez?
- ¿Qué he aprendido sobre mí mismo a través de esta experiencia?

Esta reflexión puede convertir un retroceso en una poderosa oportunidad de crecimiento y autocomprensión.

El Poder de la Persistencia

Recuerda, el objetivo no es la perfección, sino la persistencia. Cada vez que experimentes un retroceso y elijas continuar tu camino, estás construyendo resiliencia y profundizando tu compromiso con la libertad emocional.

Ejercicio Práctico: Tu Plan de Prevención de Recaídas

Terminemos este capítulo con un ejercicio práctico:

1. Tómate un tiempo para crear tu propio plan de prevención de recaídas.
2. Incluye:

- Tus desencadenantes comunes
- Tus señales de advertencia temprana
- Tus estrategias de afrontamiento favoritas
- Tu sistema de apoyo
- Tus pasos de acción de emergencia
- Tu plan de autocuidado

1. Escribe este plan y guárdalo en un lugar donde puedas acceder fácilmente cuando lo necesites.

Recuerda, querido lector, que los retrocesos no son el fin de tu viaje; son parte de él. Cada vez que navegas a través de un período desafiante, estás creciendo más fuerte y más resiliente. Sé paciente contigo mismo, celebra tu progreso (sin importar cuán pequeño te parezca) y confía en tu capacidad para aprender y crecer.

En nuestro capítulo final, veremos cómo continuar tu viaje de despojo emocional más allá de este libro, asegurando que el progreso que has hecho se convierta en una transformación duradera.

Capítulo 10
Viviendo Despojado

Al llegar al último capítulo de nuestro viaje juntos, es importante reconocer que esto no es un final, sino un comienzo. El trabajo de despojarse emocionalmente es continuo, un viaje de crecimiento, autodescubrimiento y liberación que dura toda la vida. En este capítulo, exploraremos cómo continuar este viaje más allá de las páginas de este libro, asegurando que el progreso que has logrado se convierta en una transformación duradera.

La Naturaleza Continua de la Libertad Emocional

Déjame compartir una reflexión personal que encapsula la naturaleza continua de este trabajo:

Cuando comencé mi viaje de despojo emocional, tenía la idea de que habría una meta clara: un punto en el que estaría completamente "despojado" y libre de todas las luchas emocionales. Con el tiempo, comprendí que la libertad emocional no es un destino, sino una forma de ser. Todavía hay días en los que lucho, momentos en los que me siento cargado. Pero ahora, tengo las herramientas para navegar esos desafíos. He aprendido a abrazar el viaje en sí, encontrando alegría y crecimiento en el proceso continuo de despojarme.

Esta realización —que el despojo emocional es una práctica continua y no una meta finita— es crucial. Nos permite abordar nuestro viaje con paciencia, autocompasión y una sensación de curiosidad.

Profundizando tu Práctica

A medida que continúas tu viaje, aquí hay algunas formas de profundizar tu práctica:

1. **Expande tu Caja de Herramientas**: Sigue explorando nuevas técnicas y prácticas. Considera aprender sobre otros enfoques como la Terapia de Aceptación y Compromiso (ACT), la Terapia Dialéctica Conductual (DBT) o la experiencia somática.
2. **Autoevaluación Regular**: Reserva tiempo periódicamente (quizás mensualmente o trimestralmente) para reflexionar sobre tu progreso, desafíos y metas.
3. **Busca Aprendizaje Continuo**: Lee libros, asiste a talleres o toma cursos relacionados con el bienestar emocional y el crecimiento personal.
4. **Practica Enseñando**: Una de las mejores formas de profundizar tu comprensión es compartir lo que has aprendido con otros. Considera mentorizar a alguien o comenzar un grupo de apoyo.
5. **Participa en Terapia o Coaching**: Trabajar con un terapeuta o coach puede proporcionar valiosas ideas y apoyo a medida que continúas tu viaje.
6. **Cultiva la Atención Plena en Todas las Áreas**: Busca formas de llevar la atención plena a todos los aspectos de tu vida: trabajo, relaciones, actividades de ocio.

Creando un Estilo de Vida Orientado al Crecimiento

Para apoyar tu viaje continuo, considera cultivar un estilo de vida que nutra el crecimiento emocional:

1. **Rodéate de Apoyo**: Cultiva relaciones con personas que comprendan y apoyen tu viaje.
2. **Crea un Entorno Orientado al Crecimiento**: Llena tu

espacio con recordatorios de tu viaje: citas inspiradoras, objetos que representen tu crecimiento o un espacio dedicado a la meditación.

3. **Prioriza el Autocuidado**: Haz del autocuidado una prioridad no negociable. Esto incluye el cuidado físico (ejercicio, nutrición, sueño) y el cuidado emocional (tiempo para la reflexión, la alegría y el descanso).

4. **Abraza el Aprendizaje Continuo**: Cultiva una mentalidad curiosa y abierta. Esté dispuesto a desafiar tus creencias y aprender continuamente.

5. **Practica la Gratitud**: Una práctica regular de gratitud puede ayudar a mantener una perspectiva positiva en tu viaje.

6. **Participa en el Servicio**: Ayudar a otros puede proporcionar perspectiva y un sentido de propósito, apoyando tu propio crecimiento emocional.

Navegando las Transiciones de la Vida

A medida que avanzas, encontrarás diversas transiciones en la vida: cambios de carrera, comienzos o finales de relaciones, pérdidas y nuevos comienzos. Estas transiciones pueden ser tanto desafiantes como oportunidades de crecimiento. Aquí tienes algunas estrategias para navegar por ellas:

1. **Usa las Transiciones como Puntos de Control**: Utiliza las transiciones de la vida como oportunidades para reevaluar tu estado emocional y tus prácticas.

2. **Aplica tus Herramientas**: Al enfrentar una transición, aplica conscientemente las herramientas que has aprendido: atención plena, reencuadre, perdón y aceptación.

3. **Sé Paciente Contigo Mismo**: Recuerda que las transiciones a menudo remueven emociones. Sé paciente y compasivo contigo mismo durante estos tiempos.

4. **Busca Apoyo**: No dudes en buscar apoyo adicional durante transiciones importantes en la vida.

Celebrando tu Progreso

A medida que continúas tu viaje, es crucial celebrar tu progreso. Aquí hay algunas formas de hacerlo:

1. **Lleva un Diario de Crecimiento**: Escribe regularmente tus ideas, avances y momentos de orgullo.
2. **Crea Rituales de Celebración**: Desarrolla rituales personales para marcar hitos en tu viaje.
3. **Comparte tus Éxitos**: Comparte tu progreso con amigos de confianza o en un grupo de apoyo.
4. **Practica el Auto-reconocimiento**: Reconoce regularmente tus esfuerzos y crecimiento, sin importar cuán pequeños puedan parecer.

El Efecto Ondulante de tu Viaje

A medida que continúas despojándote emocionalmente, es probable que notes un efecto ondulante en tu vida:

1. **Relaciones Mejoradas**: A medida que te liberas emocionalmente, tus relaciones a menudo mejoran.
2. **Mayor Resiliencia**: Es probable que te sientas mejor equipado para manejar los desafíos de la vida.
3. **Mayor Sentido de Propósito**: Muchas personas encuentran que a medida que se despojan, ganan claridad sobre el propósito de su vida.
4. **Influencia Positiva en los Demás**: Tu viaje puede inspirar e influir positivamente en quienes te rodean.

Ejercicio Práctico: Tu Plan de Continuación del Viaje

Concluyamos con un ejercicio práctico:

1. Reflexiona sobre tu viaje hasta ahora. ¿Cuáles han sido tus mayores aprendizajes? ¿De qué estás más orgulloso?
2. Establece intenciones para tu viaje continuo. ¿En qué áreas te gustaría centrarte?
3. Crea un plan para los próximos tres meses. Incluye:

- Prácticas diarias que continuarás o empezarás
- Libros que te gustaría leer o cursos que te gustaría tomar
- Formas de celebrar tu progreso
- Cómo navegarás cualquier desafío anticipado

1. Escribe una carta a tu yo futuro, para abrirla en tres meses. Incluye palabras de aliento y recordatorios de por qué este viaje es importante para ti.

Recuerda, querido lector, que cada paso que das en este viaje de despojo emocional es valioso. No hay un camino perfecto, ni una carrera por ganar. Tu viaje es exclusivamente tuyo, con su propio ritmo, desafíos y victorias.

A medida que cerramos este libro, quiero reconocer el coraje y el compromiso que has mostrado al comprometerte con este material.

Has dado pasos importantes hacia la libertad emocional, y tienes dentro de ti todo lo que necesitas para continuar este viaje.

Que continúes avanzando con autocompasión, curiosidad y esperanza. Que encuentres alegría en el proceso de despojo, crecimiento en los desafíos y paz en el conocimiento de que estás evolucionando continuamente.

Tu viaje hacia la libertad emocional continúa. Y con cada paso, no solo estás cambiando tu propia vida, sino que estás contribuyendo a un mundo emocionalmente más sano. Sigue adelante, sigue creciendo y sigue celebrando tu viaje.

Búsqueda rápida de capítulos

• Comprensión de las emociones y patrones de pensamiento (relevante para los Capítulos 1-3)

• Atención plena y consciencia del momento presente (relevante para el Capítulo 5)

• Técnicas cognitivas y reestructuración (relevante para el Capítulo 6)

• Perdón y autocompasión (relevante para el Capítulo 7)

• Aceptación y abrazar la realidad (relevante para el Capítulo 8)

• Formación de hábitos y prácticas diarias (relevante para el Capítulo 9)

• Resiliencia y manejo de contratiempos (relevante para el Capítulo 10)

• Crecimiento continuo y aprendizaje de por vida (relevante para el Capítulo 11)

Apéndice Plan de liberación emocional de 100 días Reflexiona sobre tu recorrido hasta ahora Principales aprendizajes: 1. 2. 3.

Lo que más me enorgullece: 1. 2. 3.

Intenciones para el recorrido continuo Áreas de enfoque: 1. 2. 3.

Plan de 100 días Prácticas diarias

Práctica matutina: Práctica vespertina: A lo largo del día: Aprendizaje y crecimiento Libros para leer: 1. 2. 3.

Cursos o talleres para tomar: 1. 2.

Celebración de los progresos Ritual de celebración semanal: Reflexión y reconocimiento mensual:

Navegando desafíos Posibles desafíos que podría enfrentar: 1. 2. 3.

Estrategias para superar estos desafíos: 1. 2. 3.

Sistema de apoyo Personas a las que puedo recurrir para apoyo: 1. 2. 3.

Carta a mi yo futuro Querido/a [Tu Nombre], [Escribe tu carta aquí, incluyendo palabras de ánimo y recordatorios de por qué este recorrido es importante para ti.] Recuerda, eres capaz, valioso/a, y estás en un hermoso viaje de crecimiento y autodescubrimiento. Con amor y compasión, [Tu Nombre]

Fecha para abrir esta carta: [100 días a partir de hoy]

Lecturas y recursos sugeridos El viaje de liberación emocional es rico y multifacético. Aquí tienes una lista de fuentes clave que informaron este trabajo, seguida de lecturas sugeridas sobre diversos temas relevantes para profundizar en tu comprensión y proporcionar herramientas adicionales para un crecimiento continuo.

LIBERADOS - TU CAMINO HACIA LA LIBERTAD EMOCIONAL

Fuentes Investigadas Para el Proyecto

Kabat-Zinn, J. (2013). Full Catastrophe Living. Harris, R. (2008). The Happiness Trap. Brown, B. (2010). The Gifts of Imperfection. Neff, K. (2011). Self-Compassion. Hanson, R. (2013). Hardwiring Happiness. Van der Kolk, B. (2014). The Body Keeps the Score. Linehan, M. M. (2014). DBT Skills Training Manual. Hayes, S. C., et al. (2011). Acceptance and Commitment Therapy. Siegel, D. J. (2010). Mindsight. Chodron, P. (2000). When Things Fall Apart. Lecturas sugeridas Mindfulness y meditación Hanh, T. N. (2015). El milagro de la atención plena. Williams, M., & Penman, D. (2011). Mindfulness: Un plan de ocho semanas. Goldstein, J. (2016). Mindfulness: Una guía práctica. Técnicas cognitivas y regulación emocional Burns, D. D. (2008). Sentirse bien: La nueva terapia del ánimo. Greenberger, D., & Padesky, C. A. (2015). Mind Over Mood. Linehan, M. M. (2015). Hojas de trabajo y manual de habilidades de DBT. Autocompasión y autoaceptación Germer, C. K. (2009). El camino consciente hacia la autocompasión. Brach, T. (2003). Aceptación radical. Salzberg, S. (2010). La verdadera felicidad. Trauma y sanación Levine, P. A. (1997). Despertando al tigre: Sanar el trauma. Rothschild, B. (2000). El cuerpo recuerda. Mate, G. (2011). Cuando el cuerpo dice no. Crecimiento personal y transformación Dweck, C. S. (2006). Mentalidad. Duckworth, A. (2016). Grit. Clear, J. (2018). Hábitos atómicos. Relaciones e inteligencia emocional Gottman, J. M., & Silver, N. (2015). Los siete principios para hacer que el matrimonio funcione. Goleman, D. (2005). Inteligencia emocional. Richo, D. (2002). Cómo ser un adulto en las relaciones. Estos recursos pueden profundizar tu comprensión y proporcionarte herramientas adicionales para tu continuo viaje de liberación emocional y crecimiento personal.

Don't miss out!

Visit the website below and you can sign up to receive emails whenever Josiah Wolff publishes a new book. There's no charge and no obligation.

https://books2read.com/r/B-A-YXGMC-NWKDF

BOOKS 2 READ

Connecting independent readers to independent writers.

Did you love *Liberados - Tu Camino hacia la Libertad Emocional*? Then you should read *The Ultimate ESL Conversational English Guide*[1] by Josiah Wolff!

"The Ultimate ESL Conversational English Guide: Speak English With Confidence In 90 days" by Josiah Wolff is a comprehensive English language learning resource for Spanish speakers. This intensive course offers a practical approach to mastering everyday English conversation skills quickly and effectively.

Key features:

50 in-depth ESL lessons for rapid English language acquisition

Phonetic pronunciations for improved English speaking and listening skills

---

1. https://books2read.com/u/m2aEvR

2. https://books2read.com/u/m2aEvR

Real-world dialogues for practicing conversational English in daily situations

Cultural insights for understanding English-speaking countries

Homework exercises to enhance English vocabulary and grammar retention

From basic English greetings to advanced discussions on current events, this guide systematically builds English language proficiency. Topics include:

Essential English vocabulary for beginners

Common English phrases for daily use

English grammar fundamentals for ESL learners

Business English communication skills

English idioms and expressions for fluent conversation

Ideal for self-study or supplementing ESL classes, this book is designed to boost English speaking confidence within 90 days. Whether you're a beginner looking to learn English fast or an intermediate learner aiming to improve English fluency, this guide provides the tools for effective English communication.

Perfect for:

Spanish speakers learning English as a second language

ESL students preparing for English proficiency tests

Professionals seeking to enhance business English skills

Travelers wanting to improve English for international communication

Enhance your English language skills, expand your cultural awareness, and gain the confidence to engage in meaningful English conversations with native speakers. Start your journey to English fluency today with "The Ultimate ESL Conversational English Guide"!

#LearnEnglishFast #ESLConversation #EnglishForSpanishSpeakers #FluencyIn90Days